"संवेदनाएं"

कुछ अनकहे स्वर

चम्पई मोहन मंगलम मुर्मू

BookLeaf Publishing
India | USA | UK

Made with ❤ on the BookLeaf Publishing Platform
www.bookleafpub.in
www.bookleafpub.com

Dedication

यह काव्य-संग्रह उन मौन क्षणों को समर्पित है
जहाँ शब्द नहीं थे, पर भाव थे।
उन आँखों को, जो कह नहीं पाईं,
और उन दिलों को, जिन्होंने बिना बोले सब सुन लिया।
साथ ही समर्पित करता हूँ उन सभी आत्माओं को,
जिन्होंने मुझे शब्दों की गहराई और भावनाओं की ऊंचाई से परिचित कराया।

"संवेदनाएं: कुछ अनकहे स्वर"
उन्हीं बेचैन अनुगूँजों का एक प्रयास है—
जहाँ हर कविता एक अधूरी बात पूरी करती है।

Preface

जीवन के रास्ते पर चलते हुए कई भाव ऐसे होते हैं,
जो कहे नहीं जाते, बस महसूस किए जाते हैं।
यह संग्रह "संवेदनाएंः कुछ अनकहे स्वर",
उन्हीं अनुभूतियों की यात्रा है – कभी नमी भरी आँखों की,
कभी मुस्कुराते मौन की, और कभी भीतर उठते प्रश्नों की।

इन कविताओं में न कोई बड़ी बात है,
न कोई दार्शनिक सत्य—बस मनुष्य होने का सार है।
हर कविता एक स्वीकृति है उस संवेदना की,
जिसे हम रोज़ महसूस करते हैं पर नाम नहीं दे पाते।
हर कविता एक अनुभव की गूँज है, कभी भीतर के तूफ़ान की, तो कभी शांति की लहर की।

इस संग्रह का उद्देश्य सिर्फ़ पढ़ा जाना नहीं, बल्कि महसूस किया जाना है।
यदि पाठक एक भी पंक्ति में अपने मन की झलक पाएँ, तो यह प्रयास सफल होगा।

Acknowledgements

“संवेदनाएं: कुछ अनकहे स्वर” के इस सफ़र में
कई अदृश्य हाथों ने मेरा साथ दिया है।
सबसे पहले मैं ईश्वर का आभारी हूँ,
जिन्होंने मुझे अनुभव करने की संवेदना दी।

अपने परिवार का धन्यवाद– जो हर शब्द के पीछे खड़े रहे, और मेरे मौन को भी अर्थ दिया।

हृदय से मेरी जीवन संगिनी का स्नेहपूर्वक आभार, जो मेरी प्रथम श्रोता एवं समीक्षक है, एवं जिसने मेरी कविताएँ सुनकर संबल बढ़ाया एवं कहा– “लिखते रहो, इसमें तुम्हारा सच है।”

मैं आभारी हूँ मेरे मित्रो का जिन्होंने हमेशा मेरा स्वार्थ से परे साथ दिया।

और अंत में,
उन सभी पाठकों को सादर नमन ,जो शब्दों के पार जाकर भावों से जुड़ते हैं–
क्योंकि कविता तभी जीवंत होती है जब कोई उसे पढ़ता और महसूस करता है।

1. हिम्मत और संघर्ष

हवा चली तो दीप डोला, मगर बुझा नहीं,
रात घनी थी, चाँद छिपा था, पर सवेरा रुका नहीं।
काँटों से भरे रास्ते थे, दर्द बेहिसाब था,
फिर भी दिल ने कहा - "रुक मत, अभी हिसाब बाकी है।"

हर कदम पे ठोकरें थीं, फिर भी मुस्कुराए,
जख़्म मिले सौ, पर सपने हमने सजाए।
तूफानों ने राह रोकी, किस्मत ने खेल रचा,
पर इरादों ने कहा - "तू चल, चाहे कुछ भी हो जाए।"

हिम्मत का अर्थ -डर का हारना नहीं होता,
जो गिर कर भी उठता है, वही विजेता होता,
संघर्ष वो अग्नि है,जो पत्थरों को तराशता है।
जो थक कर बैठे, वो बस सपना देखा करता है।

कभी अकेले चलना होगा, सबका साथ नहीं मिलेगा,
पर मन में विश्वास हो तो, चाँद सूरज भी पास मिलेगा।
हर आँसू की कीमत है, हर दर्द की अपनी बात,
यही संघर्ष की रीत है, यही जीवन का सौगात।

जीवन धूल नहीं, भीतर जलती एक चिंगारी है,
जो लड़े प्रतिक्षण, वही रोशनी को अधिकारी है।
जो कल था, वो बीत गया, जो आज है, वो मौका है,
कदम बढ़ा, क्योंकि तू ही अपनी शक्ति का झोंका है।

तो उठ, संभल, मुस्कुरा, और फिर चल पड़,
क्योंकि हर गिरना एक सबक है, हर चोट एक वरदान।
"हिम्मत और संघर्ष " तेरे साथी बनेंगे सदा,
क्योंकि जीत उन्हीं की होती है,जो "हिम्मत और संघर्ष " है करता।

*****

2. सूरज की यात्राः सूर्योदय से सूर्यास्त तक

पूर्व दिशा के आँगन में जब,
अम्बर ने आँचल फैलाया,
लाली की रेखा खिंच उठी,
जैसे मधुमय रंग सजाया।

जग ने आँखें खोली धीरे से,
किरणों ने ओढ़ी सुनहरी चादर,
फूलों ने हौले से मुस्काया,
नभ में बजने लगे मृदु वाद्य।

किरणों ने छू ली पर्वत चोटी,
नींद में डूबे गाँव जगाए,
खेतों में हरियाली हँस दी,
पंछी नभ की ओर उड़े जाएँ।

गौरी ने खोले बाल किसलय,
झरनों की बूँदें चमकीं प्यारी,
धरती ने झुका शीश जैसे,
भूले संन्यासी को दी पुकारी।

सूरज चल पड़ा स्वर्ण रथ पर,
समय के घोड़े दौड़ चले,
क्षण-क्षण में जग को नव कुंचित,

छवि से नव आभा रंग चले।

दोपहर का राजमहल फैला,
धूप सोने का ताज बनी,
छाया कोने में सिमटी चुप,
धरती तपकर भी हस पड़ी।

मेहनतकश जन पसीने गढ़ते,
अपने सपनों की नींव गहरी,
सूरज है साक्षी श्रम-धारा का,
रचता जीवन का गीत कहि ठहरी।

बच्चे स्कूलों में चमकते,
खिलखिल हँसी की धूप पसरी,
नौजवानों की आँखों में,
उम्मीदें बनकर किरणें उतरीं।

नदी किनारे नावें हिलतीं,
लहरों में चमका सुनहरापन,
सूरज मुस्काया देख सजीव,
प्रकृति में था अनुपम अपनापन।

धीरे-धीरे झुकी किरणें,
थककर साँसें लेने लगीं,
आकाश में संध्या अँचरा,
लाल गुलाल से रंगने लगीं।

झूमे पंछी लौट सुरक्षित,
नीड़ों में सब स्नेह भरे,
घंटी की ताल पे गूँजी शाम,
मन के मंदिर दीप जले।

सूरज रूका क्षितिज किनारे,
सोने सी आभा आँखों में,
बोल पड़ा धीरे स्वर कोमल,
"अब मिलूँगा स्वप्न लोक में।"

सागर ने बाँहें फैलाईं,
किरणों को गोद में सुलाया,
नभ ने बिखराए तारे मोती,
अंधियारा झूला बन आया।

दिनभर की यात्रा पूरी कर,
सूरज बिसरा, नभ शान्त हुआ,
पर उसकी ज्योति छिपी नहीं,
हर हृदय में उजियारा हुआ।

सुबह से शाम की यह गाथा,
जीवन का सारा सार लगे,
उठना, चलना, देना, ढलना—
यही सृष्टि का व्यवहार लगे।

जब भी जीवन थामे अँधेरा,
याद हमें वह रथसवार रहे,

जो हर दिन ढलकर भी अगली प्रभा में,
फिर नये संकल्प से तैयार रहे।

*****

3. शहर और सपने

शहर धड़कता है...
लोग भागते हैं...
और इन दोनों के बीच कहीं
धीरे-धीरे चलते हैं –
हमारे छोटे-बड़े, टेढ़े-मेढ़े,
टूटे-सजे सपने।

यही शहर है,
जहाँ सुबह धूप से पहले
अलार्म बजता है,
नींद से पहले
ट्रैफिक जागता है,
और चेहरे से पहले
मोबाइल की स्क्रीन भर जाती है।

यही शहर है,
जहाँ चाय की भाप में भी
ओवरटाइम की थकान घुली होती है,
और ढाबे की प्लेट में
किराए की चिंता रखी होती है।

तुम ज़रा सोचो...
यहाँ सपने भी
किराए के घरों में रहते हैं।

कभी बस-स्टैंड की बेंच पर सोते हैं,
कभी मेट्रो की सीट पर झपकी लेते हैं,
कभी ऑफिस की स्क्रीन पर
पॉज़ होकर रह जाते हैं।

पर...
सुबह होते ही फिर लौट आते हैं।
थोड़े और थके हुए,
थोड़े और पक्के हुए,
पर लौट आते हैं।

शहर कहता है –
"भागो!"
सपना कहता है –
"रुको, ज़रा साँस लो।"
हम फँसे रहते हैं
इन दोनों आवाज़ों के
बीच की खामोशी में।

कभी लाल बत्ती पर खड़े होकर
तुमने गौर किया है?
एक तरफ़ कोई कार का शीशा चढ़ा के
गाना तेज़ कर देता है,
दूसरी तरफ़ कोई बच्चा
फूल बेचते-बेचते
अपना बचपन हल्का-सा खो देता है।

यह शहर है दोस्त,
यहाँ रोशनी बहुत है,
पर अंधेरा भी कम नहीं।
यहाँ हँसी गूँजती है,
पर आँसू –
अक्सर साइलेंट मोड पर रहते हैं।

किसी पी.जी. के कमरे में
कोई देर रात तक
परीक्षा की तैयारी करता है,
और व्हाट्सऐप पर
माँ को लिखती है –
"हाँ, मैं ठीक हूँ।"
बस इतना ही।
बाकी थकान,
बाकी अकेलापन,
बिस्तर के कोने में रखे
बैग में फोल्ड कर के रख देता है।

कोई व्यक्ति कहीं,
सैलरी की शीट खोलकर
एक-एक कॉलम गिनता है,
कभी इ.एम्.आई. से बात करता है,
कभी अपने एक पुराने शौक से,
और दोनों से कहता है –
"थोड़ा रुक जाओ,
मैं अभी इतना बड़ा नहीं हुआ।"

पर शहर...
शहर किसी का इंतज़ार नहीं करता।
यह चल रहा है,
यही इसकी खूबसूरती है,
यही इसका ज़ुल्म भी।

जब बारिश आती है न,
तो सिर्फ़ सड़कें नहीं भीगतीं,
कई आँखें भी भीगती हैं।
फुटपाथ पर भीगती चप्पलें,
और अंदर भीगते ख़याल,
दोनों साथ-साथ
घर लौटने की कोशिश करते हैं।

और हाँ,
इस शहर में
हर कोई अकेला नहीं होता।
कभी-कभी
किसी अजनबी की मुस्कान,
किसी चायवाले की "क्या भैया, थक गए?"
किसी दोस्त की "चल न, बाहर चलते हैं"
बस इतना-सा जुमला
पूरी रात को हल्का कर देता है।

यही तो खेल है –
शहर और सपने।

शहर सिखाता है गिरना,
सपना सिखाता है फिर भी चलना।
शहर कहता है – “टाइम नहीं है।”
सपना कहता है – “अभी तो शुरू किए हो भाई।”

कोई गायक अपनी धुन में डूबा है,
कोई कवि अपने शब्दों में खोया है,
कोई साधारण-सा इंसान
सिर्फ़ कल की
थोड़ी-सी बेहतर सुबह के लिए
आज पूरा दिन जला आया है।

और हम सब...
हाँ, हम सब
थोड़े शहर हैं,
थोड़े सपने हैं।
थोड़े थके हुए से,
थोड़े जिद्दी से।

तो अगली बार
जब रात बहुत लंबी लगे,
और लगे कि यह शहर
तुम्हें निगल रहा है,
तो अपने अंदर छुपे
उस छोटे से सपने को
हल्के से आवाज़ देना –

कहना –
"सुन,
मैं अभी हारने वाला नहीं।
तू भी मत टूट,
हम दोनों मिलकर
इस शहर से
अपनी जगह निकाल लेंगे।"
क्योंकि सच तो यह है...
शहर बड़ा होगा,
शोर भी बड़ा होगा,

पर सपने...
अगर सच में तुम्हारे अपने हैं,
तो सबसे ऊँची बिल्डिंग से भी
ज़्यादा ऊँचा
उनका आसमान होगा।

*****

4. प्रदूषण का सच

कभी थी धूप सुनहरी, पत्तों पर चाँदी-सी ओस,
नदियों में कल-कल बहता जल, मिट्टी में मीठी-सी गंध थी रोज़।
पर आज धुएँ के बादल हैं, आकाश हुआ है बोझिल,
इंसानी दौड़ में खो गया, प्रकृति का चेहरा कोमल-मृदुल।

प्रदूषण है क्या, यही सवाल अब दिल पर चोट लगाए,
जब हवा, जल, मिट्टी, ध्वनि सब ज़हर बन जाएँ,
जब भारी धातु, रसायन, प्लास्टिक के रंग,
जीवन की नसों में घुल कर काटें हरियाली के संग।

जब कारख़ानों की चिमनियाँ काला इतिहास लिखें,
जब वाहनों का धुआँ हर साँस को कैद-सा कर दें,
जब खेतों में रासायनिक खादें, ज़मीर से ज़्यादा बोई जाएँ,
जब कचरा जलता हो, और राख से राख भी रोती नज़र आए।

शहर की सड़कों पर जाम का शोर, हॉर्न का टूटा सन्नाटा,
हर इंजन की गरम साँस से काँपता है मौसम का काँधा,
खेतों की मेड़ों पर जलती पराली की लपटें,
दूर कहीं जंगलों की कटती हरियाली की आहटें।

नदियाँ जो कभी आरती गाती थीं, अब गंदे नाले-सी बहती हैं,
उद्योगों का गंदा पानी, सीवर की बदबू साथ ले चलती हैं,
मछलियाँ मरती तैरती हैं, किनारों पर सड़ती हैं लाशें,
जल में मिला ज़हर अब लौटकर पहुँचता है हमारे ही निवालों तक,

भूख में रोटी के साथ निगल लेते हैं जहरीली साँसें।

पेड़ों की कटती कतारें जैसे यादों की पुस्तक फटती जाए,
हर पत्ता जो गिरता है, धरती का एक अक्षर मिटता जाए,
पंछियों की उड़ान छोटी होती, घोंसले ढूँढते भटकते हैं,
ऊँची-ऊँची इमारतों में बंद होकर, इंसान खुद से ही सिमटते हैं।

प्रदूषण का असर सिर्फ प्रकृति तक सीमित कहाँ रह पाता,
जब फेफड़े भर जाएँ धुएँ से, तब स्कूल का बच्चा क्या गाता?
खाँसी, दमा, दिल की धड़कन सब बोझिल होती जाती है,
ऑक्सीजन की बोतल में बंद हो जाती जीवन की आज़ादी है।

जब पानी भी दवा बन जाए और दवा भी बीमारी दे जाए,
जब साँस लेना भी सौदा हो, अस्पताल ही बाज़ार नज़र आए,
तब समझो स्वास्थ्य ही नहीं, अर्थव्यवस्था भी कराह रही है,
बीमार शरीर, कमज़ोर मज़दूर, टूटे सपने–
उत्पादन की हर रफ़्तार में थकान की रेखा खिंच रही है।

कितने घर उजड़ते हैं जब खेती ज़हर से भर जाती है,
अनाज कम, रोग ज़्यादा, किसान की आँखों में रात बस जाती है,
इलाज़, दवाएँ, जाँच– सब जेब को चीरते जाते हैं,
एक-एक नोट के साथ, साँसों के क़र्ज़ भी बढ़ते जाते हैं।

समाज भी तो टूटा-टूटा, जब हवा में भय का रंग चढ़ा हो,
बच्चे मैदान छोड़ मोबाइल में कैद हों,
क्योंकि बाहर धूल है, धुआँ है, अपनों के लिए ही मन डरा हो,
उत्सव में भी मास्क बँधे हों, मेलों में भी डर की धुन बजे,

खिलखिलाहट की जगह खाँसी के सुर गूँजें,
तो कैसा उत्सव, कैसी उमंग सजे?

पर कहानी यहीं ख़त्म नहीं, उम्मीद का दीया अब भी जल सकता है,
अगर हर इंसान सच-में जागे, तो भविष्य भी बदल सकता है।
हाथों में कूड़ा कम हो, आदतों में सादगी बढ़े,
बे-वजह का शोर घटे, ज़िम्मेदारी की लौ चढ़े।

आओ सीखें कचरे को अलग-अलग रखना,
गीला-सूखा, प्लास्टिक, धातु– सबको सही डिब्बों में रखना,
कम से कम प्लास्टिक का प्रयोग, कपड़े या जूट के थैले अपनाएँ,
एक बार के लालच के बदले, सदियों तक राहत के सपने सजाएँ।

पेड़ लगाना सिर्फ तस्वीर खिंचवाने भर का कौतुक न रहे,
हर पौधे के संग प्रतिज्ञा हो, उसके जीवन तक अपने वचन सधे,
बरसों तक पानी देना, उसे बचाना धूप और जानवरों से,
तभी तो जंगल की हँसी लौटेगी, नदी गाएगी संगीत नए सुरों से।

ऊर्जा की बचत में भी छिपा है प्रदूषण से मुक्ति का रास्ता,
कम जलें बल्ब, ज़्यादा मिलें सूरज की रौशनी का नाता,
सौर-ऊर्जा, पवन-ऊर्जा की ओर कदम बढ़ाएँ,
कोयले की जकड़न से धरती को थोड़ा-थोड़ा आज़ाद कराएँ।

वाहनों की भीड़ को थोड़ा संयम से चलाओ,
जहाँ सँभव हो, पैदल चलो, साइकिल से जीवन को पास से अपनाओ,
साझा सफ़र की आदत डालो, खाली सीटें भरना सीखो,

सड़क पर कम वाहन उतारो, शहर को साँसें लेने दो।

क़ानून भी सख़्त हों, पर क़ानून से पहले ज़मीर जागे,
केवल डर से नहीं, प्रेम से बदलें ये सब भाग्य के धागे,
स्कूलों में बच्चों को सिर्फ पुस्तकों से नहीं,
पेड़-पौधों की गोद में बैठाकर पृथ्वी की भाषा पढ़ाई जाए,
ताकि अगली पीढ़ी सिर्फ शिकायत नहीं, समाधान की संस्कृति अपनाए।

सोचो, अगर हर घर, हर गली, हर शहर यह संकल्प ले,
कि आज से नहीं, अभी से प्रदूषण के विरुद्ध कदम उठाएंगे,
तो छोटी-छोटी बूँदें मिलकर, एक सागर की शुद्धि रचेंगी,
धरती का चेहरा फिर खिलेगा, नदियाँ फिर से गीत रचेंगी।

चलो, मिलकर एक नया वचन लिखें इस युग के माथे पर,
"धुआँ नहीं, हरियाली होगी हर दिल, हर आँगन, हर राह पर।"
जब तक साँस चलेगी, तब तक यह जिद भी साथ चले–
प्रदूषण को घटाकर नहीं, एक दिन पूरी तरह मिटाकर ही....
.... चैन से सोएँगे हम इस धरती की गोद में।

*****

5. प्रेम और छल

जब प्रेम ने पहली बार पुकारा –
मन ने कहा, ये स्वप्न है या साकारा!
आँखों में चाँद, अधरों पे सवेरा,
जीवन लगा ,जैसे कोई मीठा बसेरा।

मुस्कान में एक सौंधा सा विश्वास था,
हर धड़कन में मीठा एहसास था।
धरती सुनहरी, आसमान नीला था,
मन को लगा जैसे मिला जीने का सहारा था।

पर समय ने धीरे-धीरे खोला,
प्रेम का मुखौटा, छल का झोला।
जहाँ वचन थे, वहाँ बहाने निकले,
जहाँ दीप थे, धुएं ठिकाने निकले।

कहना आसान – "मैं तुझसे प्रेम करता",
पर निभाना बड़ा कठिन ये अर्थ भरता।
प्रेम था सागर – छल था जाल,
दोनों में डूबा एक निर्मल खयाल।

कभी प्रेम ने कहा – "आ मैं सँवार दूँ जख्म तेरे",
छल ने कहा – "बस थाम ले नाम मेरे।"
कभी नज़रों में बारिश, कभी धूल का अंधड़,
प्रेम ने भिगोया, छल ने कर दिया नष्ट।

जो दिल था सच्चा, वो टूटकर भी मुस्कुराया,
जिस पर तीर चला, वही गीत गुनगुनाया।
क्योंकि प्रेम की फितरत ही है प्यारी,
वो राख से भी जगा दे चिंगारी।

छल की आदत, प्रतीक है क्षणभंगुर,
वो फूल नहीं जो झरकर महके सुगंध भरपूर।
वो बस रंग दिखाता, पर रँगता नहीं,
दिल को हँसाता है पर संग रहता नहीं।

प्रेम की आँखें, छल की परछाईं,
दोनों की चालें हैं एक सी सच्चाई।
कोई करे छल के नाम को प्रेम,
तो बींध जाए जीवन, बिना किसी क्षेम।

फिर भी मन प्रेम क्यों ढूंढता है बारम्बार?
क्यों लगाता है जले हुए दीप में भी प्यार?
क्योंकि प्रेम है देवत्व का आकार,
और छल बस छाया – एक अस्थिर विचार।

जो प्रेम सच्चा, वो दुख में भी संग,
जो छल करे, वो भीड़ में भी तंग।
प्रेम वो नाव जो पार लगा दे,
छल वो भँवर जो डुबो दे आधे।

कभी प्रेम छला सा लगता है,

कभी छल प्रेम का मुखौटा बन जाता है।
पर जो समझ ले इनके बीच की रेखा,
वो खुद को पा लेता है – एक अद्भुत लेखा।

आज भी प्रेम हर युग में जीवित है,
हर छल के विरुद्ध संवेदनशील, सजीव है।
क्योंकि छल बस भ्रम की आँच है,
और प्रेम – हर युग का शाश्वत साँच है।

तो कर ले निर्णय तू आज ही मानव,
किसे देगा हृदय का अनुरागी भाव?
प्रेम जो त्याग में सुगंध फैलाए,
या छल जो मुस्कान में विषघट मिलाए?

कविता का अंत नहीं, बस एक विराम है,
क्योंकि प्रेम अनंत है – और छल एक नाम है।।

*****

6. नदी और सागर

नन्ही सी धारा थी, चंचल, अल्हड़, निर्मल,
पहाड़ों की गोद में जन्मी थी संबल।
गुनगुन पवन संग खेलती थी रोज़,
पत्थरों से टकरा कहती – "मैं हूँ अबोज़!"

बादल का आँचल, सूरज की छाँव,
दोस्ती उसकी हर दिशा के गाँव।
राह में जंगल, बस्ती, खेत,
सबको देती जीवन के प्रेम सन्देश।

मन में था एक मधुर सपना प्यारा,
देखना सागर को, गहराई का धारा।
"क्या मैं पहुँच पाऊँगी उसकी बाहों में?"
सोचती थी अक्सर रात की राहों में।

रास्ते में कठिनाई, कीचड़, रेत,
कभी घटती धारा, कभी उमड़ता चेत।
पर प्रेम की चाह ने दी उसे बल,
हर मोड़ पे कहती – "मेरा है वह कल!"

आख़िर आया वो दिन सुनहरा,
सागर खड़ा था अपनी बाँहें पसारे गहरा।
लहरों ने मुस्कुराकर कहा सनेह से,
"आ चल बहती नदी, मिल मेरे नेह से।"

नदी झुकी, जैसे व्रत निभाया,
सागर में मिल अपनी वाणी गाया।
कहा– “मैं आई दूर क्षितिज से तुम्हारे पास,
अब नहीं मैं अलग, न कोई रखी आस।”

सागर बोला, “तू आई तो पूर्ण हुआ मैं,
तेरे बिना अधूरा, अब संपूर्ण हुआ मैं।”
दोनों मिले, हुआ एक संगीत,
नदी बन गई सागर की प्रीत।

यही कहानी है जीवन की गाथा,
जहाँ मिलन में छिपा है विरह का नाता।
बहती नदी हम, सागर हमारा लक्ष्य,
यात्रा ही जीवन, यही प्रेम का संदेश।

*****

7. बालपन

वो नन्हे दिन, वो भोले चेहरे,
जहाँ मुस्कानें थीं सच्ची पूरी,
न चिंता कोई, न डर किसी का,
बस सपनों की थी एक झोली भारी।

सुबह की धूप गुदगुदाती थी,
माँ की आवाज़ जगाती थी,
दूध की प्याली, आलस घुलता,
फिर खेलों में मन रमता जाता।

काँच की गोलियाँ, मिट्टी के खेल,
पेड़ों पर चढ़ना हर दिन का मेल,
न हार का ग़म, न जीत का शोर,
बस खुशियों का चलता था दौर।

बारिश आते भीगना डर को भूल,
काग़ज़ की नाव बनाना उस कूल,
सूरज छिपे तो आँचल ओढ़ना,
फिर हँस देना, डर को तोड़ना।

शाम ढले जब चिराग़ जलते,
कहानी सुनाते थे बाबा हँसते,
राजकुमार, राक्षस, परियाँ प्यारी,
सपनों की वो नगरी न्यारी।

ना समय की दौड़, ना नाम का लोभ,
बस माटी की खुशबू और दूध का स्वाद,
नोटबुक में फूल दबाए रहते,
हर दिन में त्योहार समाए रहते।

आज बड़े होकर जब पीछे मुड़ते,
वो दिन जैसे भीतर उभर पड़ते,
कहाँ गई वो मस्ती, वो शरारत,
वो मासूमियत की कोमल आहट।

अब ज़िम्मेदारी का साया भारी,
हँसी है पर थोड़ी तैयारी,
फिर भी दिल के किसी कोने में,
बालपन मुस्कुराता, धीरे-धीरे गुनगुनाता –

“चलो दोबारा वही बन जाएँ,
जहाँ सपनों से खेलना सीख जाएँ,
फिर झूलों पे उड़ें, गीत गाएँ,
मन का बच्चा जगा कर जाएँ।”

*****

8. कॉरपोरेट मज़दूर

सुबह-सुबह का शोर है, लैपटॉप की टंकार,
कॉफी के प्याले में डूबे सपनों की धार।
टाई बाँधकर निकला वो आधुनिक मज़दूर,
कंधों पर लदा है टारगेट का हुज़ूर।

कभी था ख़्वाब बदलने का, एक दुनिया सजाने का,
अब ईमेल के जंगल में है, "रिप्लाई ऑल " बुझाने का।
मीटिंगों का मौसम है, रिपोर्टों की बरसात,
और बोनस की आशा में सिमट गया हर "पासपोर्ट - साथ"।

समय कार्ड की बेड़ियाँ, मुस्कान भी दस्तावेज़,
छुट्टी का मतलब मेल है – "ऐज़ डिस्कस्ड,प्लीज रीफ्रेज़.
"थकान को उसने सीखा है एक्सेल शीट में डालना,
और आँसुओं का हिसाब भी ग्राफ़ में बदल डालना।

ऑफ़िस की कुर्सी बन गई है जन्मसिद्ध अधिकार,
जहाँ पीठ झुकती है लेकिन "ग्रोथ " का है प्रचार।
सपनों की 'ई एम् आई' चलती है हर महीने के साथ,
कर्ज़ में बंधा युवा अब चाहता बस "वीकेंड " का हाथ।

घर लौटे तो बच्चा कहे – "पापा, फिर लेट आए!"
बीवी कहे – "डिनर ठंडा है", माँ पूछे – "कब आए?"
वो मुस्कुराता है जैसे कुछ हुआ ही नहीं,
पर भीतर की फ़ाइलें कहती हैं – सिस्टम थका है यहीं।

कॉरपोरेट की चमक तले, श्रम का सच्चा रंग फीका,
नाम हुआ “एक्ज़ीक्यूटिव”, पर मन अब भी रीता।
ना हथौड़ा, ना कुदाल, पर पेशानी पर पसीना,
कॉरपोरेट मज़दूर यही – जो मशीनों में सीखा जीना।

पर फिर भी, उसी की मेहनत से शहर जगमगाता है,
हर क्लिक, हर प्रेज़ेंटेशन में देश आगे बढ़ जाता है।
तो सलाम उन हाथों को, जो कीबोर्ड सधाते हैं,
जो आधुनिक कारख़ानों में – भविष्य बनाते हैं।

*****

9. सपनों की उड़ान

सपनों की डोरी थाम के मैंने,
चलना चाहा नभ के पार,
मंज़िल क्या है, कौन बताये,
लेकिन मन में था उजियार।

छोटे-छोटे उस गाँव की गलियों में,
जहाँ बचपन ने किलकारियाँ भरीं,
वहीं पले कुछ अरमान अनदेखे,
जो आँखों में रंग भर गए सभी।

हर सुबह उगता सूरज कहता –
उठो, जगो, अपने राग लिखो,
धरती सीमित नहीं किसी की,
बस पंख फैलाओ, आगे उड़ो।

कभी पढाई की चौखट पर बैठा,
कभी जीवन की गहराई मापी,
कभी हार गई हिम्मत थोड़ी,
कभी किस्मत ने करवट झाँकी।

पर सपने तो आँधी से भी जिद्दी थे,
वे तिनके जोड़ आस बुनते रहे,
जो गिरते–संघर्ष में टूटते भी,
तो राख से नए स्वर चुनते रहे।

माँ के आशीर्वाद की पोटली,
और पिता के अटल सपनों की ज्योति,
इनसे ही मैंने सीखा ये रहस्य –
संघर्ष ही सफलता की होती ज्योति।

रात के अंधकार में भी चमकते,
वे सपने, दीप समान,
जो कहते – मत थक तू,
अब बस एक कदम और जान।

कभी ऊँचाई डराती थी मुझको,
कभी असफलता ने राह रोकी,
मगर दिल में थी एक आस्था,
कि मन की उड़ान कोई न रोकी।

अब जब उड़ता हूँ मैं, खुला गगन में,
तो याद आता है वो पहला सपना,
जो छोटा था पर सच्चा इतना,
कि उसने मुझे कर दिखाया अपना।

हर ऊँचाई अब सलाम करती,
हर मंज़िल झुकती बिन बोले,
क्योंकि सपनों की उड़ान वही पाता,
जो गिरकर भी कदम न खोले।

ये उड़ान किसी पंख की मोहताज नहीं,

ये तो हौसले की परिभाषा है,
जो विश्वास करे अपने भीतर,
वही असल में परिंदा राजा है।

तो उड़ना है तो डर मत रखना,
राह में चाहे आँधी हो, तूफ़ान,
हर नयापन तभी सम्भव है,
जब सधे कदमों से भरें उड़ान।

*****

10. कल, आज और कल

कल था धूल भरा एक रास्ता,
जहाँ पांवों ने सपनों के निशां छोड़े थे,
हवा ले गई कुछ यादें,
कुछ दिल की गहराई में रोए थे।

वो कल बीता आँधियों में भी मुस्कुराकर,
अपनी ही परछाइयों से बातें करता,
कभी ठहरा, कभी लड़खड़ाया,
फिर भी आगे बढ़ना सीखा करता।

आज है धूप-छाँव का मौसम,
जहाँ उम्मीदों की किरणें झिलमिलाती हैं,
हर साँस में एक प्रश्न गूंजता—
क्या हम अभी जीवन को जी पाते हैं?

आज के चेहरे थके हुए हैं,
पर आँखों में कल की लौ है,
जो बुझती नहीं, बस दहकती है,
हर गिरावट में नयी होड़ है।

इन पलों में एक दर्पण सजीव है,
जो दिखाता है बीते हुए कल की सीख,
कहता है— "रुको मत, थमो मत,
हर आज, कल को गढ़ने की रीख।"

कल जो आएगा, वो अभी अनकहा है,
पर उसकी मिट्टी आज ही बनती है,
किसी बच्चे की हँसी में,
किसी बूढ़े की थकी प्रार्थना में बसती है।

कल में होंगे नए रंग समय के,
नए प्रश्न, नई खोजें, नई बातें,
पर जो प्रेम आज बोया है हमने,
वो तब भी खिलेगा इन हवाओं में।

कल, आज और कल– ये तीन नदियाँ,
एक ही सागर की ओर बहती हैं,
हर बूँद कहती है बस इतना–
"हर पल में अनंत कहानी रहती है।"

कल भी तो समाज की धारा है,
जहाँ व्यक्ति बहता है, और रुकता है,
आज भी वही संगम है,
जहाँ अपना और पराया मिलता है।

कल भी तो व्यक्ति का सपना है,
समाज के साथ जुड़कर बनता है,
हर चुनौती में जीवन बनता है,
हर संवाद में विश्वास बनता है।

कल भी तो उम्मीद का दीप है,

जो आज के अंधेरे में जलता है,
व्यक्ति और समाज का बंधन है,
जो हर आज को कल बनाता है।

*****

11. होस्टल और मैं

चार दरी, एक कुर्सी, दीवारों का मौन,
नींदी आँखों में घुला अधूरा कौन?
मैं और मेरा कमरा, दो साथी बेमेल,
फिर भी हर साँझ गुनगुनाता खेल।

दरवाजे के पार थी सैकड़ों कहानियाँ,
हँसी के झोंके, तेवरों की निशानियाँ।
कभी किसी की याद में सिसकता बिस्तर,
कभी यारों की गप में जगता इस्तहर।

सुबह की चाय, ठंडी–कड़क हवा,
क्लास की घंटी, नींद का धावा।
कैंटीन में तकरार, लाइब्रेरी का सन्नाटा,
हर गली में था जवानी का नाटा।

खिड़की में बैठा, मैं अक्सर सोचता,
"घर की रोटियाँ" कितनी याद आतीं, ये सोचकर रोता।
माँ के हाथों की महक, पापा की फिक्र का साया,
अब सपनों की दुनिया में खुद को पाया।

इन दीवारों ने देखा, मैं कैसे बदला,
डरपोक से इंसान में आत्मविश्वास गढ़ा।
कभी हार कर रोया, कभी जीत कर मुस्कुराया,
हर गलती ने एक सबक सिखाया।

रातों की पढ़ाई, कॉरिडोर का संगीत,
कभी सन्नाटे में भी महसूस हुआ प्रीत।
दोस्तों के संग वो टेढ़े–मेढ़े वाद,
जहाँ बहस में भी मिला अनोखा संवाद।

परीक्षाओं से ज्यादा कठिन थे जुदाई के पल,
सेमेस्टर के बाद छा जाता हलचल।
कौन जाएगा कहाँ, किसे मिलना रह जाएगा,
इन औंधी हँसी में दर्द का रंग भर जाएगा।

आज जब लौटता हूँ पीछे उन दिनों की ओर,
तो होस्टल की गंध अब भी आती ठौर–ठौर।
वो तकिये की सिलवटें, वो अधूरे सपनों की रात,
सब कहते हैं–"यहीं से शुरू हुआ तेरा असली साथ।"

होस्टल ने सिखाया, जमाने से लड़ना,
अंधेरों में रोशनी खुद से गढ़ना।
यारियाँ, तकरारें, संघर्ष, हँसी के जाल,
यही तो थे मेरे जीवन के असली सवाल।

अब मैं जहाँ भी हूँ, वो कैद नहीं भूलता,
क्योंकि उसी होस्टल में "मैं" खुद को ढूँढता।
जहाँ चार दीवारी में बसी थी मंज़िल की चाह,
वहीं जन्मा कवि–जहाँ "होस्टल और मैं" रहे सदा साथ।

*****

12. बंटी और मैं-हॉस्टल का सफर

कैंपस की सुबहें, नींद भरी आँखें,
टूटते अलार्म की पुकारें, थकी पर हँसती बातें।
भाप उड़ाती चाय के कप के संग,
हम बाँटते थे सपने– आधे अधूरे, रंग-बिरंगे।

बंटी, वो शांत आत्मा, बेपरवाह दुनिया से,
कभी लाइब्रेरी में ,कभी कमरे में मैग्ज़ीनों और क़िताबों के साथ।
मैं कहता–"यार, ज़िंदगी नोट्स से बड़ी है,"
और वो मुस्कुराकर कहता–"फिर भी, परीक्षा भी ज़रूरी है!"

दीवारों पर पोस्टर, टंगे सपनों की तरह,
पंखे की धीमी झंकार में रातें पिघलतीं।
कभी कविताएँ, कभी रेडियो की तान,
कभी बस चुपचाप निहारते आसमान।

बरसात की शामें–बिस्तर पर कंबल में सिकुड़ती हँसी,
पकौड़ी की खुशबू और चाय की सौगंध।
बंटी कहता–"यार, देखते हैं एक दिन बड़े अफसर बनेंगे,"
और मैं सोचता–"या बस किसी कविता में अजर रहेंगे।"

वार्डन की डाँटें, देर रात की फुसफुसाहटें,
टेलिविजन बंद तो चोरी से रेडियो टेपरिकॉर्डर चालू।
सारी दुनिया सिमट जाती थी एक कमरे में,
जहाँ मेज़ पर बिखरी थी किताबें ,नोट्स और उम्मीदें।

परीक्षा की रातें, चाय और जुनून की गठरी,
कभी डर, कभी हिम्मत की अदृश्य जंग।
हम साथ पढ़ते, पर बीच में चर्चे उड़ते,
"पेपर से ज़्यादा मुश्किल है लड़की का दिल समझना," और मैं -बंटी
हँस पड़ते।

आज जब नौकरी के शहर में अकेला रहता हूँ,
फाइलों में डूबा, सूखा-सा आदमी बना हूँ।
कभी कोई चुटकुला सुनते ही मुस्कान चली आती है,
बंटी की हँसी जैसे हवा से टकराकर लौट आती है।

उस दिन छूटी हुई हॉस्टल की चौखट,
आज भी सपनों में उतरती चुपचाप।
हर कोने में बसा है वो समय,
जहाँ “बंटी और मैं” थे– और बस वही थे "हम"।

अब समय के पन्नों पर है हमारी कहानी,
यादों की स्याही में भीगी जवानी।
शायद अगले जनम के किसी होस्टल में फिर,
वो बंटी, वो मैं– एक नई सुबह लिखे1

*****

13. कुछ आखिरी पल–पिता के साथ

अस्पताल की उस ठंडी रातों में,
नियॉन रोशनी के नीचे झिलमिलाते आँसू,
मैं बैठा था – एक पहरेदार बनकर,
आपकी हर साँस गिनता, हर करवट में प्रार्थना करता।

मशीनों की बीप में आपकी थकी धड़कन,
मुझे बताते रहती कि अभी आप हैं,
और मैं – अपनी नौकरी, अपने सपनों का त्याग कर,
सिर्फ आपका बेटा बन जाना चाहता था उस पल।

आपके बिस्तर के कोने पर रखी दवाइयाँ,
मेरे दिन का आरंभ और अंत बन गईं।
कभी पानी की एक घूँट पिलाना भी तपस्या लगती,
कभी आपके काँपते हाथ थामना जैसे धर्म का निर्वाह।

आपकी आँखों में अब शब्द नहीं रहते थे,
पर उनमें जो शांति थी, वही मेरा उत्तर था।
आपने ज़िन्दगी भर सिखाया – "कर्तव्य ही जीवन"
और मैंने इस वाक्य को अपने अस्तित्व में उतार लिया।

जब रात गहरी होती, और पूरा वार्ड सो जाता,
मैं आपको देखता –
मानो भगवान स्वयं विश्राम कर रहे हों,

और मैं उनका सेवक बन, बस उनकी नींद की रखवाली करता।

फिर एक दिन...
आपने आँखें मूँदीं, और वह साँस जो रुक गई,
जैसे समय ने भी थम जाने की प्रतिज्ञा ली हो।
सवेरे का वह क्षण अब तक मेरे भीतर गूंजता है –
आपका चेहरा, धूप में धुला, एक आखिरी मुस्कान लिए।

अब जब कोई कामयाबी मुस्कुराती है,
तो मन पहला विचार आपके चरणों में ले जाता है।
जब कभी कोई कंधा थकता है,
तो याद आती हैं आपकी मजबूत हथेलियाँ –
जिन्होंने मुझे डर से नहीं, धैर्य से पाला।

पिता!
आप चले गए हैं मोक्ष के उस पार,
पर आपकी उपस्थिति मेरे रेशे-रेशे में धड़कती है।
आपका स्पर्श अब स्मृति बन गया है,
पर स्मृति भी तो एक जीवित संबल है।

कभी-कभी लगता है,
मेरे भीतर जो संकल्प जलता है,
वह आपकी श्वास का ही विस्तार है।
आपका बेटा आज भी आपकी सेवा में है –
बस अब समय के पार, श्रद्धा के रूप में।

*****

14. मन, प्रकृति और आदिवासी

सदियों से मौन वन बोलता रहा है,
हर पत्ते में, हर नदी में गान घोलता रहा है।
उसी संगीत की धुन पर चलते हैं वे लोग –
आदिवासी, प्रकृति के सच्चे संगी, उसके सहयोग।

इनके जीवन का ग्रंथ लिखा है पेड़ों की छाँव में,
जहाँ हवा भी रिश्तेदार है और मिट्टी मां की भाव में।
वे जंगल को काटते नहीं, संभालते हैं जैसे अपना तन,
उससे उतना ही लेते हैं, जितना भरे भात और मन।

नीम की छाल, महुआ की बूँद, साल की पत्तियाँ –
इनका अर्थशास्त्र नहीं, जीवन-सृष्टि की कथाएँ हैं।
यहाँ व्यापार नहीं, उपहार का नियम चलता है,
धरती जब मुस्कुराती है, तब उनका जीवन पलता है।

पर सत्ता की नज़र में ये आदिकालीन अवशेष हैं,
जो 'विकास' की रफ़्तार में जकड़े बन्धनों के देश हैं।
जो जंगल बचाते थे, अब उन्हीं से जंगल छीने जाते,
कागज़ी हस्ताक्षरों से सपनों को बेचा जाता।

जहाँ कभी ढोल बजते थे, अब मशीनों की गर्जना है,
जहाँ जलधाराएँ गाती थीं, अब धुएँ की तरंगना है।
सरकार की नीतियाँ देखती हैं इन्हें आँकड़ों में,
पर इनकी पुकार खो जाती है रिपोर्टों के पन्नों में।

पूंजीपति खरीद लेते हैं वह हरियाली का हिस्सा,
जहाँ पहले बच्चों के पाँवों ने खेला था किस्सा।
अब वहाँ खनन की गंध है, विस्थापन का राज है,
जहाँ जीवन बसता था, अब मरघट-सा साज़ है।

फिर भी वे झुकते नहीं, भीख नहीं माँगते,
धरती फट जाए पर वो अहं नहीं त्यागते।
उनकी हथेलियों में श्रम का सौर्य नित जलता है,
कोयले की धूल में भी इंसानियत पलता है।

वे मिट्टी के सिपाही हैं, सूरज के कारीगर,
मेहनत के मन्दिरों में रचते हैं जीवन के डर।
उनकी भूख रोटी से नहीं, सम्मान से मिटती है,
उनकी साँसों की खुशबू धरती से मिलती है।

पर समाज की दृष्टि उन्हें 'असभ्य' कह जाती,
जो जंगल बचाएँ वही 'पिछड़े' कहलाती।
शहर की चकाचौंध भूल गई यह बात,
कि सभ्यता की नींव उन्हीं के रक्त की सौगात।

वे जब पर्व मनाते हैं, धरती खिल उठती है,
जब गीत गाते हैं, नदियाँ झिलमिला उठती हैं।
उनकी संस्कृति में प्रकृति का मर्म रचा है,
हर नृत्य, हर बाँसुरी में सृष्टि का नाद बसा है।

आज भी वे लड़ रहे हैं –

सिर्फ ज़मीन के लिए नहीं, अस्तित्व के लिए,
सिर्फ हक़ के लिए नहीं, सम्वेदना के लिए।
उनकी आँखों में जो रोशनी है,
वो किसी चुनावी घोषणा से नहीं आती,
वो आती है आत्मगौरव की लौ से –
जो अब भी जल रही है, राख के नीचे छिपी।

प्रकृति और मन का यह अद्भुत संवाद,
इन आदिवासियों में आज भी है आबाद।
वे बतलाते हैं कि सभ्यता का अर्थ उपभोग नहीं,
संतुलन है – जीवन और स्रोत के बीच सही।

जब तक जंगल साँस लेंगे, तब तक उनका नाम रहेगा,
जब तक मनुष्य स्मरण करेगा, तब तक प्रण रहेगा –
कि प्रकृति का प्रेम, उसकी रक्षा,
आदिवासियों का जीवन नहीं, समस्त मानवता का कर्तव्य है।

*****

15. मेरी जीवन संगिनी

सुबह की पहली किरण जब खिड़की से झाँकती है,
तेरे चेहरे से मुस्कानों की परछाई दमकती है ,
जैसे कोई मंदिर में दीप जलता हो,
और उसकी लौ से दिल को राहत मिलती हो।

तेरे आने से हर पल में अर्थ आया,
तेरे जाने से हर क्षण अधूरा लगता है,
जैसे कोई नदी बिना सागर के भटके,
वैसेही मन तुझ बिन सूना लगता है।

तेरी बातों में वो सादगी है
जिसे किताबों में नहीं पाया,
तेरी नज़रों में वो गहराई है
जिसमें मैंने खुद को डूबाया।

तू ही मेरी रचना का हर शब्द है,
तू ही मेरी कविता की प्रेरणा,
तेरे बिना हर सुर बेसुरा,
तेरे साथ हर श्वास की साधना।

जब मैं टूटा—तू बाँध बनकर आई,
जब दुनिया हँसी—तू मुस्कान बन समाई,
तेरी नज़रों में जो भरोसा है,
वो किसी ईश्वर की सौगात जैसी सच्चाई।

मेरे संघर्षों की कहानी में तू ही वो अध्याय है,
जहाँ हार भी जीत सी लगती है,
क्योंकि तू साथ है–
तो किस्मत भी मुड़ जाती है।

तेरे साथ चलते हुए महसूस हुआ–
ज़िंदगी सिर्फ सांसों का नाम नहीं,
ये तो दो आत्माओं का संगीत है,
जो मौन में भी गूँजता है दिन-रात कहीं।

तेरा नाम मेरे हर ख्वाब में शामिल है,
तेरी आवाज़ मेरी सोच में बसी,
तू वो राग है जो जीवन को सवार दे,
तू वो धागा है जो टूटे मन को जोड़ दे।

कभी कभी सोचता हूँ–
अगर तू न मिली होती,
तो मैं खुद से भी रूठ गया होता,
पर तू आई, और सब कुछ बदल दिया–
मेरा डर, मेरा शून्य, मेरा कल।

तू वो दीप है जो अंधेरे को नहीं डराती,
बल्कि उसे दिशा देती है,
तू वो आरज़ू है जो पूरी हो भी जाए,
फिर भी अधूरी लगती है।

मेरी जीवन संगिनी "जिरीहिरी"–
तेरी बाँहों में मिला जो सुकून,
वो किसी तपस्या का फल है शायद,
इसीलिए तो तेरे बिना
हर पल मुझे अधूरा महसूस होता है।

तू ही मेरी शुरुआत, तू ही मेरा अंत,
तेरे बिना सब मौन, सब वचन व्यर्थ,
तेरे साथ ये जीवन एक कविता बन गया–
जो अनलिखा था, अब अर्थ बन गया।

*****

16. शहर की भीड़ और मैं

नीऑन रोशनी के नीचे,
धुएँ और धड़कनों का मेला है,
हर चेहरा मुस्कान का मुखौटा ओढ़े,
हर कदम अपने साये से भी अनजाना।

इन गलियों में आवाज़ें बहती हैं,
जैसे समय ने चुपके से बेच दी हों ख़ामोशियाँ।
कोई दौड़ रहा है मंज़िल की तलाश में,
पर मंज़िल कब, कहाँ छूटी—यह किसी को न याद रहा।

मैं खड़ा हूँ मोड़ पर—
जहाँ सपनों की भीड़ धक्का देती है,
कभी किसी की आँखों में उम्मीद झिलमिलाती,
तो अगले ही पल बिखर जाती धूल के साथ।

शहर मुझसे रिश्ता रखता है अजीब,
मैं उसे समझना चाहता हूँ, वो मुझे बदल देता है।
कभी वह मुझे अपने शोर में खींच लेता है,
कभी मेरी चुप्पी का मज़ाक उड़ाता है।

भीड़ के बीच चलते हुए अकसर सोचता हूँ,
क्या मैं भी उसी साज़ का हिस्सा हूँ,
जो हर दिन एक-सा गीत बजाता है?
या मैं कोई बेसुरा सुर हूँ,

जिसे इस समर में जगह नहीं मिलती?

लोग यहाँ नाम पूछते नहीं, नंबर पूछते हैं,
पहचान नहीं, "प्रेज़ेन्स" गिनते हैं।
हर संवाद में इरादे हैं, हर मुस्कान में गणना।
फिर भी, यहीं कहीं किसी कोने में
एक बच्चा आज भी पतंग उड़ाता है—
सपनों की डोर थामे, धूल और आसमान को जोड़ता हुआ।

उसकी हँसी में शायद वो जवाब छिपा है
जिसे मैं ढूँढता हूँ हर अजनबी चेहरे में।
शायद भीड़ का मर्म यही है—
भुला दिए गए पलों में खुद को खोज लेना।

रात जब शहर थककर सो जाता है,
नींद में भी हॉर्नों की गूंज गीली सी लगती है।
मैं बालकनी में बैठा सितारों से बातें करता हूँ,
कहता हूँ—"सुनो, मैं अब भी हूँ,
भीड़ में भी, अपने भीतर कहीं अधूरा नहीं।"

और तब एहसास होता है,
शहर की भीड़ हकीकत नहीं, आईना है—
जिसमें हर कोई अपना चेहरा ढूँढता है।
इस आईने में मैं भी हूँ,
एक मुसाफ़िर, जो चलते-चलते
भीड़ से नहीं, खुद से मिल जाता है।

*****

17. गोलगप्पे

गली के मोड़ पर खड़ा वो ठेला,
मिट्टी के घड़े में भरा पानी हरा-भूरा-पीला।
सजी कतार में खड़े हैं सब,
सभी के मन में स्वाद का सबब।

उसे "फुचका" कहते हैं, बंगाल की गलियों में,
तो कहीं "पानी पूरी" पुकारते हैं, मराठी बोली में।
यूपी-दिल्ली का दिल है "पानी के बताशे",
बिहार-झारखंड में "गुपचुप" से सजे मन के उजासे।

छोटा गोल गोलक है, पर आनंद है बड़ा,
कुरकुरा आवरण, भीतर मसाले का खजाना सदा।
धनिया-पुदीना की सुगंध, इमली की खटास का संग,
पहला कौर जैसे खुशियों का प्रसंग।

स्त्रियाँ हँसती हैं, गपशप में डूबी,
पर नज़र गोलगप्पे के कटोरे पर रूकी।
बच्चे उचकते, सिक्का हाथ में दबाए,
"भैया, एक और देना!" —अन्यास मुख से आए।

युवा जोड़े बाँटते एक प्लेट,
जैसे हो अनकहा प्रेम संदेश,
माता-पिता के संग बच्चे,
खाके गोलगप्पे ,आती मुस्कान सच्चे।

बरसात की शाम हो या तपती धूप,
गोलगप्पे का स्वाद मिटा दे छोटी भूख।
गरीब हो या अमीर,सबके होंठ एक स्वाद में जुड़े,
ये व्यंजन नहीं, भावनायें स्वाद के रस में गढ़े।

गोलगप्पे वाले की आवाज गूँजे –
"तीखा या मीठा पानी?" ...
हर व्यक्ति का अलग स्वाद,
पर आनंद सभी का एक समान।

न कोई मजहब, न कोई जात,
सिर्फ स्वाद का संगम, हर्ष का नाद।
फुटपाथ के उस कोने पर गली की पहचान,
गोलगप्पे बन गए हैं मिलन की जान।

अक्सर ज़िंदगी भी गोलगप्पे सी लगती,
बाहर कुरकुरी, भीतर तीखा स्वाद मिलती।
कभी खट्टा अनुभव, कभी मीठा पल,
पर हर बूँद में जीवन का रंग महकता कल।

तो चलो आज फिर उसी ठेले के पास,
जहाँ हँसी, स्वाद और लोगों का विश्वास।
गोलगप्पे सिर्फ व्यंजन नहीं, ये रिश्ते जोड़ने का अंदाज़,
हर शहर, हर दिल में बसता इसका स्वाद –
गोलगप्पे की दुनिया है सबसे खास!

*****

18. मेरी बेटी – मेरा अभिमान

मेरे जीवन की मुस्कान है तू,
मेरे हर दिन की पहचान है तू।
तेरी हँसी में झिलमिल करती,
मेरे सपनों की जान है तू।

नन्हे हाथों में रंगों की दुनिया,
तेरी तूलिका जब चलती है।
कागज़ पर उभरती लहरों जैसी,
हर रेखा में कहानी पलती है।

जब तू नृत्य में लय पिरोती,
मिट जाता मन का सारा थकान।
तेरे घुँघरू की हर झंकार में,
सुनता मैं अपना अरमान।

गीतों में जब स्वर सजाती,
जैसे सागर गुनगुनाता हो।
तेरे सुरों में माधुर्य है ऐसा,
जैसे नन्हा सूरज मुस्काता हो।

माँ की गोद में फूल सी महकती,
दादी की बातों में तू हँस लेती।
दादा जहाँ से आशीष भेजें,
उन यादों को भी मन में लेती।

नाना-नानी की लाडली बिटिया,
हर त्यौहार की तू रोशनी।
बुआ-मौसी जब आएं घर में,
झूम उठे जैसे बचपन की धुन।

सागर किनारे जब तू जाती,
दीपक-सी आँखें चमक उठतीं।
रेत पर तेरे पाँव के निशान,
लहरों की गोद में बस मुस्कुराते।

तेरे संग बीतता हर पल,
एक नई कविता बन जाता है।
मेरी हर साँस में अभिमान,
तेरा नाम सदा गुनगुनाता है।

तुझमें देखता हूँ मैं कल का उजाला,
जहाँ प्रेम, कला और संवेदना हो।
तेरे सपनों का आकाश विशाल,
जिसमें हर रंग की रौशनी हो।

बेटी "सोना", तू ही मेरा गान है,
मेरी आत्मा, मेरी पहचान है।
तेरे संग बहता हर अरमान,
मेरी बेटी – है मेरा अभिमान।

*****

19. पति अब पिता बन गया

कभी तुमने देखा था आईने में,
तब चेहरा प्रेम का दर्पण था,
आँखों में पत्नी की मुस्कान उतरती थी,
और दिन की थकान उसके कंधों पर सिमट जाती थी।

अब वही आईना कुछ और कहता है,
बालों में थोड़ी चाँदी झलक जाती है,
सूक्ष्म सी झुर्रियों में चिंता नहीं,
बस एक नई ज़िम्मेदारी मुस्कुराती है।

जब वो नन्हे होंठ पहली बार हिले,
"पा..." की अधूरी ध्वनि ने सब बदल दिया,
तब जाना—प्रेम सिर्फ़ संगिनी के लिए नहीं,
अब उसका एक नया विस्तार मिल गया।

कभी करवट बदलते हुए सोचते थे,
कैसी होगी अगली सुबह की बात,
अब आधी रात में भी नींद गहरी नहीं,
रोने की हर ध्वनि में नई पहचान की पुकार है साथ।

हाथ जो कभी साथी के बाल सँवारते थे,
अब वही हाथ झूला झुलाते हैं,
मुस्कराहट जो पहले खिलती थी पत्नी की आँखों में,
अब किसी छोटे से चेहरे पर रह जाती है।

पत्नी अब मात्र प्रेमिका नहीं रही,
वो इस नई दुनिया की जननी बन गई है,
और मैं—उसका साथी, उसका सहारा,
उसकी बाहों में एक नन्ही दुनिया बसा बैठा हूँ।

कभी लगता है—मैं वैसे का वैसा हूँ,
पर भीतर कोई गहराई बदल गई है,
अब हर खुशी में सुरक्षा की चाह है,
और हर डर में एक जिम्मेदारी की छाया है।

वो जो पति था—रोमांटिक, स्वप्नभरा,
अब पिता बन गया—प्रेम में परिपक्व, मौन, गम्भीर।
अब प्रेम उतना दिखता नहीं,
पर हर खिलखिलाहट के साथ जीता है।

संगिनी अब भी वही है—
बस उसका रूप जीवन की गोद में झूलता है,
घर अब सिर्फ़ आशियाना नहीं,
वो नन्ही साँसों का मंदिर बन गया है।

और मैं—
जो कभी खुद को प्रेम में सम्पूर्ण समझता था,
अब समझ गया हूँ,
प्रेम का चरम तब होता है—
जब पति - अब पिता बन गया होता है।

*****

20. कहानी ऋतुओं की

वक़्त के पहियों पर घूमती ये धरा,
हर मौसम लाए एक नयी दास्तां।
रूप बदले नभ, रंग बदले पल में,
यही तो है भारत की पहचान।

“वसंत” आया जैसे सुरों की झंकार,
फूलों से महका हर आंगन-दीवार।
कोयल की कूक, आम्र बौरों की छाँव,
हृदय में उमंग, मन में नई चाह।
किसान मुस्काए, खेतों में लहराए
धान की बातें, गेहूं की बयार गाए।
पढ़ाई में मग्न छात्र का मन,
खिल जाए जैसे गुलाब की कली बन।

“ग्रीष्म” की दहकती धूप प्रखर,
रस्तों पर तपता हुआ क़रार अधर।
तरबूज, आम और ठंडी लस्सी,
शहरों में चलती बीसियों गप्पें हँसी।
बिजली कटे तो कहानी चले,
छतों पर परिवार शाम में मिले।
गांवों में कुएँ से खींचते जल,
मेहनत में भी दिखे उजला पल।

फिर आती है ”वर्षा”, मूसलधार बरसे,

बिजली की लकीरें नभ में कड़के।
मिट्टी की सौंधी महक जब उठे,
हर मन बालक बन झूम उठे।
किसान के चेहरे पर आशा का नूर,
धान के खेत जैसे हरियाली का सुरूर।
भीगे रास्तों पर छतरी लिए शहर,
सबमें उमंग, सबमें असर।

"शरद" में आकाश हो जाए निर्मल,
चाँदनी में नहाया धरती का आँचल।
त्योहारों की रौनक हर ओर,
दीपों का उजाला, संग मिलन का जोर।
यात्राएँ, मेले, रिश्तों का विस्तार,
मन में बसता स्नेह अपार।

फिर आता "हेमंत", ठंडी साँस लिए,
सुबह की धूप जैसे रेशमी लिए।
धुंध में ढके खेत, अलसाई राहें,
किसान रखे अन्न, अपनी चाहें।
विवाह का मौसम, शहनाई बजे,
मन में पियासी आस सजे।

और अंत में "शीत", नर्म ऊन की बाहें,
कम्बल ओढ़े बच्चे, धीमी आहें।
अंगीठी के संग बातें पुरानी,
कहते – "वक्त लौटे फिर जवानी।"
कड़कड़ाती हवा पर भी मुस्कान,

भारत की मिट्टी जैसा अद्भुत मान।

ऋतुएँ बदलतीं, बातें बदलतीं,
पर मनुष्यता की लय वही चलती।
हर मौसम में जीवन की तान,
यही है भारत, यही उसकी जान।

*****

21. वो छह चेहरे, एक कहानी

शहर की गलियों में जब सूरज ढलता धीरे–धीरे,
स्कूल की घंटी संग हँसी गूँजती मन के टीरे–टीरे।
वोदिन, जब किताबों से ज़्यादा यादें बुन जाती थीं,
सपनोंमें उड़ान था,दोस्ती में सादगी बस जाती थी।

"रायसन"- मृदुभाषी, ज्ञान का सागर, बेंच का साथी मेरा,
हँसी–मज़ाक में भी गंभीरता, ज्ञान झलके उसका चेहरा।
पत्रों में चलती बातें, कॉलेज के दिनों के सरोवर में,
आज डॉक्टर है वो, पर रहता अब भी दिल के इस कोने में।

"संजीव" - वो शैतान, नटखट, अल्हड़ मन से प्यारा,
हर गलती पर हँस देता, जैसे जीवन बस इक नज़ारा।
रेलवे की सीटी संग अब दिन काटता स्टेशन पे,
पर जब मिलता, वही पुराना लड़कपन, वही हँसी चेहरे पे।

और "जगन्नाथ" - बालों में तेल चुपड़े, हर सुबह स्कूल आता,
हम सबको देखकर मुस्काता,मन में सच्चाई भरा रहता।
वो हेडमास्टर बना आज, पर तिरछी मुस्कान वही है,
अभी भी जब हँसता है, स्कूल का मैदान जैसे वही है।

"मानस"- सीधा सादा, शांत, तेज़ समझ का दाता,
हर सवाल में सबसे पहले,अनोखा उत्तर लाता।
डॉक्टर बन गया अब, पर विनम्रता नहीं भूला है,
हर दोस्त उसकी नज़रों में अब भी उतना ही फूल-सा है।

"प्रवीन' - परीक्षा से ज़्यादा शरारत में नाम कमाया,
किसी भी सिनेमा का हाल,सबसे पहले वही सुनाया।
अब स्टील प्लांट में कार्यकारी ,पर हँसी वही पुरानी,
उसकी बातों में आज भी उलझ जाती ये जवानी।

"राकेश"- गंभीर,पर काम में तल्लीन हमेशा रहता,
पर हर दिल को आदर से जोड़ता, हर रिश्ते को सहेजता।
सीए बना अब, पर अभिमान का नाम तक नहीं जानता,
उसका सादा मन ही उसको सबसे महान बनाता।

छह यार थे – कदम कदम पर साथ निभाने वाले,
कभी मैदानों में दौड़ते, कभी सपनों को बाँटने वाले।
तरबूज, समोसे, चाउमिन, जलेबी की महक पुरानी,
अब यादों में घुली है, जैसे सर्द हवाओं में कहानी।

शाम को टहलना, घर की बातें, मन के राज बताना,
परीक्षा के डर के संग भी हँसी का मोती पिरोना।
अब सब अपनी दुनिया में, अपने परिवार सँभाले हैं,
पर उस अपनापन के रंग अब भी उतने ही उजाले हैं।

कॉल करते नहीं अक्सर, पर दिल की तिजोरी में रखे हैं,
मुलाक़ात न सही, दुआओं में ये नाम सजे हैं।
कभी वक़्त मिले तो फिर वही मैदान पुकारेगा,
जहाँ दोस्ती का वसंत, उम्रभर ये दिल सँवारेगा।

*****

www.ingramcontent.com/pod-product-compliance
Lightning Source LLC
Chambersburg PA
CBHW070646240926
51846CB00003BA/804
* 9 7 8 9 3 7 5 1 0 9 5 8 7 *